Días especiales, comidas especiales

por Juan Lester

Scott Foresman
is an imprint of

Glenview, Illinois • Boston, Massachusetts • Chandler, Arizona
Upper Saddle River, New Jersey

ISBN 13: 978-0-328-53335-0
ISBN 10:   0-328-53335-1

2 3 4 5 6 7 8 9 10 V0N4 13 12 11 10

En nuestro país, el Día de Acción de Gracias se celebra el cuarto jueves de noviembre.

Cualquier día puede ser un día de fiesta: un jueves, un martes o un sábado. ¿Te gusta comer algo especial durante una fiesta? En todo el mundo preparan comidas especiales para celebrar las fiestas. Viajemos por el mundo para saber cuáles son algunas de esas comidas.

China

En China se celebra el Festival del Barco del Dragón. Los participantes van en barcos que parecen dragones. En ese día se come *zong zi*.

Los *zong zi* son bolas de arroz.
Las envuelven en hojas de bambú. Las hojas
les dan un sabor especial.

Algunas de las bolas de arroz están
rellenas de fruta. Otras tienen carne
o frijoles.

Francia

En Francia hacen un pastel especial llamado *pastel de rey*. ¡El pastel tiene el tesoro del rey adentro! Es una sorpresa, como un muñeco o figurita.

¿Te gustaría encontrar un tesoro en un pastel? Si tú, tu hermano o cualquier otro niño recibe la tajada con el tesoro, será rey o reina por ese día.

¡Pero el mayor tesoro es compartir este pastel con tu familia y amigos!

México

En México se celebran muchas fiestas con música y comida. En las fiestas, la gente come, baila y se divierte.

El niño de la izquierda ve cómo fríen las *carnitas* de cerdo. Esta niña come un *elote* o mazorca de maíz.

¿Hay algo especial que tú comes en cierto día o fiesta del año?

Cuba

Por último visitamos Cuba.

Esta señora prepara unos batidos de fruta fresca. Son refrescantes. Se sirven en muchas celebraciones.

En Cuba también hacen pastelitos rellenos de guayaba. ¡Son deliciosos!

10

En las fiestas de cumpleaños sirven un refresco muy rico. Se hace con jugo de naranja, leche y azúcar.

¿Te gustaría probar este refresco? Entonces, ¡pasa la página!

Una receta

Para hacer el refresco de naranja, necesitas lo siguiente:

$\frac{1}{2}$ taza de jugo de naranja frío

$\frac{1}{2}$ taza de leche fría

1 cucharada de azúcar

Pon todo en un vaso grande.

Bátelo bien con una cuchara.

Ponle un poco de hielo.

¡Buen provecho!